A Little Parisian Guide to Decorating and Organising

## パリジェンヌの並べて見せる収納術

**édition PAUMES**
ジュウ・ドゥ・ポゥム

Catherine Lévy

Lisa Gachet

# Introduction

パリジェンヌたちのインテリアを眺めていると
わくわく楽しい気持ちになるのは、どうしてでしょう？

アパルトマンの屋根裏部屋に並ぶ
お気に入りの雑貨や洋服、コレクションは
ひとつひとつが大切なもの。
素敵な思い出や、ストーリーがあったりして
手放してしまうなんて、とんでもない！
だんだんと、さまざまなオブジェが集まってきて
ちいさな部屋の中は、ぎゅうぎゅう、いっぱいです……。
そんなパリのお部屋には、キラキラと個性がきらめいていて
宝石箱のように、私たちにはまぶしく見えます。

「好き」という気持ちを大切に
アイデアと絶妙なバランス感覚で
古いものをリサイクルしたり、ときに手づくりしたり。
片づけ上手というよりも、見せ方上手、楽しみ方上手なのが
パリジェンヌたちと言えるのかもしれません。

居心地のいい空間とは、自分らしくいられる場所。
あなたのお気に入りたちも、そっとしまっておくだけでなく
並べて、飾って、眺めて、
また新しい気持ちで、楽しんでみませんか。


ジュウ・ドゥ・ポゥム

# Contents

### 07 Kitchen
キッチン

### 33 Living Room
リビングルーム

### 51 Home Studio
デスクまわり

### 71 Closet
クローゼット

# Kitchen

キッチン

よく使う調味料や穀類は、ひとめで中身がわかる
ガラスのキャニスターに移し替えて。

# インテリアとしても素敵で
# お料理するときは使い勝手よく

パリのキッチンで、水玉模様のホーロー鍋や
古いキャニスターが並んで、いまも活躍している姿を見ると
なんだか、うれしい気分になります。
よく使う調理道具や調味料は、いつでも、だれでも
すぐに手を伸ばせるように、目につく場所に出しておく……
そうすると、デザインを大事にアイテムを選んで
お気に入りに囲まれた空間を作りたくなってくるはず。
並べて見せる場所がないときは、手づくりしてしまう
パリジェンヌらしいひと手間も、見つけることができました。

有孔ボードを壁に取り付けて、S字フックで
お気に入りの調理道具を吊り下げられるように。

Annelise Cochet et David Valy

使いたい食器がすぐに取り出せるよう
オープンシェルフに収納。

Myriam de Loor et Pan Gang

コレクションしている花器は、
いろどりよく、いちばん上の段に並べて。

木製のワインケースを使った、食器棚。
段ごとに色を揃えて収納しているのがユニーク。

Isabelle Dubois-Dumée et Hubert Bettan

シンク前の壁に、金属のネットを張って。
洗ったあとは、そのまま引っ掛けておきます。

Catherine Lévy

インドなどで使われている水切りラック兼食器棚は、食器やワイングラスから調理道具まで収納力抜群。

ポップな色使いの食器が並ぶと
キッチンもぱっと明るく。

ワイヤーネットに、バスケットやS字フックで収納力たっぷりの水切りラック。

Clarisse Demory

棚戸は取り外して、お気に入りの
ヴィンテージの布で目隠し。

スタッキングが難しいマグカップは、吊るしておくと取り出しやすく、いつでもデザインを楽しめます。

Céline Guignard

Amélie Baudin

Aline Houdé-Diebolt

ポットや茶葉など、お茶道具を集めたコーナー。
ティータイムにはどれを使うか考えるのも楽しみに。

ちょっとレトロなプリント柄の飾り棚。
奥行きのない棚は、並べて見せる収納にぴったり。

Noriko Shiojiri et Durgué Laigret

Cheri Messerli et David Rager

パリのアパルトマンらしい風合いのある木の梁に、
フライパンやコランダーなどを吊り下げて。

スパイスボトルや、お茶のキャニスターと一緒に、キッチン棚にはレシピ本も常備しています。

Annelise Cochet et David Valy

Julie Ansiau

グリーンの棚が、50年代のキャニスターなど、レトロなデザインと、よく似合います。

Livie Belaz et Stéphane Lebeau

赤くペイントした壁が、さりげないキッチン用品を引き立たせる、素敵なフレームに。

# DEBOUT LES PAPILLES!

Valérie Mazerat

食器棚には、コレクションしている
ヴィンテージのミニバケツも一緒に。

Marielle Dhuicque-Hénon

テーブルクロスやキッチンタオルは、くるくると筒状に巻いて、バスケットや使わなくなったお鍋に。

Isabelle Dubois-Dumée et Hubert Bettan

# Living Room

リビングルーム

ソファーセットの上の棚には、本などと一緒に
「PARIS」という看板文字や、時計をディスプレイ。

Elise Fouin

大好きな音楽が、いつも身近に感じられるように、
レコード用の飾り棚を取り付けて。

Charlotte Jankowski

## お気に入りに囲まれて
## わたしだけの宝箱のような空間

パリに暮らす人たちのアパルトマンに招かれて
リビングで、お話をしていると、あちこち興味深くなって
つい、きょろきょろしてしまうことも。
そこに並ぶのは、旅から持ち帰ったおみやげや
家族から引き継いだ品、お気に入りのコレクション……
他人から見れば、これってなに？というものも
持ち主にとって、素敵な物語を語りかけてくれるオブジェ。
くつろぎのリビングの中には、大事な宝物たちそれぞれが
落ち着くことのできる居場所もしつらえておきましょう。

Caroline de Tugny

アフリカ、イタリア、ルーマニア、中国……
さまざまな土地での旅の思い出がいっぱい。

Karen Monny

素朴な風合いのはしごを本棚代わりに。
いちばん上の段に置いた植物が色を添えます。

のみの市などで買い集めてきた子ども用イス。
使わないときは、棚から吊るして。

Isabelle Dubois-Dumée et Hubert Bettan

左右互い違いに開口部のある、手作りの書棚。
オープンスペースには、雑貨をディスプレイ。

Chantal Manoukian

ハイヒールに、キャンドル、キッチュな雑貨……
大好きなオブジェを集めて、心ときめくコーナーに。

Arianaïs Alezra

円形の棚の中に、ファッション小物をスタイリング。
どのフレームも、雑誌から抜け出してきたかのよう。

Vanina Escoubet

レコード・ジャケットを
ポスターのようにたくさん貼って。

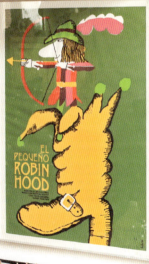

立ち上がったときに目に入る位置を書棚にして、
ソファーの近くには、映画のポスターを。

Charlotte Gastaut et Eric Nung

木箱の中に、使いやすい高さまで
雑誌を積み上げて、ローテーブルに。

Alexandrine Soudry et Karim Laroui

ランダムに塗り分けられた、大きな引き出しが魅力的な木製のキャビネット。

Catherine Lévy

リビングに面した、キッチン・キャビネットには、
デザインの楽しいケーキ型をディスプレイして。

Gaëlle Bona

まん中のピンクのエッフェル塔のオブジェが、引き立つようにカラーリングした、手づくりの棚。

# Home Studio

デスクまわり

廊下のつきあたりに作った、オーダーメイドのデスク。
ふたをあけると、ピンナップ・コーナーに。

Géraldine Lamamy

郵便局で使われていた、郵便物の仕分け用デスクは、
じょうぶな作りで、大容量の棚がうれしい。

Severine Balanqueux

Charlotte Jankowski

# わくわくしてくる形や色を集めて
# インスピレーションのかけらを大切に

アパルトマンに、アトリエを設けて
作品づくりをしている人も多い、パリのアーティストたち。
パリジェンヌのデスクまわりを見てみると
たくさんのものに囲まれて、カラフルで、にぎやか。
道具や材料は、ざっくりと簡単に片づけられるようにして
お気に入りのカードや切り抜き、本に雑貨などが広がる
ワンダーランドを作り出しています。
そんなデスクコーナーを見ていると、
好きなものに囲まれた場所を持つ素晴らしさを感じます。

お仕事コーナーにＬ字型に取り付けた飾り棚は、
お気に入りの絵本や雑貨、ペンなどの道具類の指定席。

Charlotte Jankowski

Sophie Leblanc

デスクの目の前に、細いバーを取り付けて、クリップで資料を分別しながら、ピンナップ。

ざざっと筆記具を入れて、気兼ねなく使える
ジャムの空き瓶やブリキのバケツをペン立てに。

Christelle Gabillard

Marina Vandel

カラフルな資料に囲まれるデスク。
本のサイズにぴったりの棚は作ってもらいました。

Pauline Ricard-André

棚の下に取り付けた白いバーに、よく使うカラーテープなどを通して。

Sylvia Toth

シンプルなしつらえのデスクに、水色や緑色を加えて、
ペールトーンの色でさわやかに。

黒板には、ファッションショーの招待状をコラージュして。

Irma Birka

Aline Houdé-Diebolt

インスピレーションソースの明るい色たちを集めて、
いつもクリエーションの源が目に入ってくるように。

マットな黒でペイントした玄関の一角がお仕事コーナー。
ステンドグラスで、光と色を取り込んで。

Marielle Dhuicque-Hénon

ほかのオブジェを引き立たせてくれる黒は、デスクまわりにぴったりの色。

Johanna Fournier

部屋を広く見せてくれる効果のある鏡。
レリーフの美しいヴィンテージの鏡を並べて飾って。

Myriam de Loor et Pan Gang

きれいな紙や子どもたちのお絵描き、クレヨン……
どんどん増えてしまう小物は、色とりどりの紙箱の中へ。

作品整理用のファイルは、紙とクラフトテープで手づくり。いつも同じフォーマットに揃えて。

Sophie Leblanc

# Closet

クローゼット

ベッドルームの壁面に作ったクローゼット。
カーテンを閉めてしまえば、見た目もすっきり。

Olivia Cognet

ヴィンテージのワンピースやコートがずらり。
色ごとに並べてかけておくと、選びやすそう。

Irma Birka

# 洋服のコーディネートは毎日のことだから
# 選びやすく、見た目も楽しく

クローゼットをあけたときに、美しく洋服が並んでいると
コーディネートしやすく、なにより気分がいいもの。
種類で分けたり、同じサイズにたたんだり、向きを揃えたり
整理整とんには、ちょっとしたテクニックもありますが
お気に入りのアイテムをそのまま
しまいこんでおくのは、もったいないみたい……。
おしゃれ好きなパリジェンヌたちのお部屋では
身につけないときでも、雑貨のように並べて飾って
インテリアとファッションをミックスして楽しんでいます。

暖炉のまわりを、クローゼットコーナーに。
小さなスーツケースやキャビネットに、小物を入れて。

Hélène Druvert

リビングの本棚の下が小さなクローゼット。
白と黒の洋服ばかりなので、インテリアの一部のよう。

Christelle Gabillard

普段使いのバッグやコートは、さっと手にとれるよう、トルソーをラック代わりにして。

Agnès Cambus et Manuel Bonnemazou

Estelle Yomeda

クローゼットの扉に、コレクションしている
ヴィンテージのボタンをディスプレイ。

Amélie Baudin

フレームの中にフェルトを張って、虫ピンで
ピアスや指輪を並べて見せる、アクセサリーケースに。

Amélie Baudin

ガラスドームの中に、アクセサリーを入れて。
身につけていないときも、お気に入りが楽しめます。

Yong et Henrik Andersson

パリジェンヌのおしゃれの決め手、マフラーやスカーフは、バスケットの中に。

Sophie Watrelot

コーディネートを準備して、このはしごで、ファッションチェック。

リビングの片隅に設けたクローゼット。
バッグも靴も、たくさん収納できます。

Sophie Watrelot

古いスーツケースの中に、とっておきの赤い靴を収納。

Pauline Ricard-André

扉のないローチェストの中には、
きれいに形を揃えてたたんだ服を並べて。

Annelise Cochet et David Valy

ヴィンテージの帽子コレクションは、玄関に並べて、見た目も楽しい空間に。

Marion Lévy

スカーフや靴下など、布小物は、
旅から持ち帰ったバッグの中に。

ヴィンテージの扇風機に、
サングラスをかけてディスプレイ。

Arianaïs Alezra

リビングの窓沿いに設けた
ベンチのふたを開けると、
本と靴の収納場所。

Irma Birka

ぴんと張ったワイヤーに、ヒールを引っ掛けて、
お気に入りの靴たちを並べて。

Lisa Gachet

# A Little Parisian Guide to Decorating and Organising

## The editorial team

### édition PAUMES

Photographs : Hisashi Tokuyoshi
Design : Megumi Mori, Kei Yamazaki
Text : Coco Tashima
Editorial Advisor : Fumie Shimoji
Editor : Coco Tashima
Sales Manager in Japan : Tomoko Osada
Art direction : Hisashi Tokuyoshi

Contact : info@paumes.com
www.paumes.com

Impression : Shinano Co.,Ltd.
Distribution : Shufunotomosha

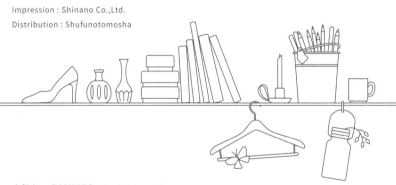

### édition PAUMES　ジュウ・ドゥ・ポゥム

ジュウ・ドゥ・ポゥムは、フランスをはじめ海外のアーティストたちの日本での活動をプロデュースするエージェントとしてスタートしました。
魅力的なアーティストたちのことを、より広く知ってもらいたいという思いから、クリエーションシリーズ、ガイドシリーズといった数多くの書籍を手がけています。近著には『パリに行きたくなる50の理由』『花と出会うパリの街角』などがあります。ジュウ・ドゥ・ポゥムの詳しい情報は、www.paumes.com をご覧ください。

また、アーティストの作品に直接触れてもらうスペースとして生まれた「ギャラリー・ドゥー・ディマンシュ」は、インテリア雑貨や絵本、アクセサリーなど、アーティストの作品をセレクトしたギャラリーショップ。ギャラリースペースで行われる展示会も、さまざまなアーティストとの出会いの場として好評です。ショップの情報は、www.2dimanche.com をご覧ください。

# パリジェンヌの並べて見せる収納術

2017年5月31日　初版第1刷発行

著者：ジュウ・ドゥ・ポゥム

発行人：徳吉 久、下地 文恵
発行所：有限会社ジュウ・ドゥ・ポゥム
　　　〒150-0001 東京都渋谷区神宮前3-5-6
　　　編集部 TEL / 03-5413-5541
　　　www.paumes.com

発売元：株式会社 主婦の友社
　　　〒101-8911 東京都千代田区神田駿河台2-9
　　　販売部 TEL / 03-5280-7551

印刷製本：株式会社 シナノ

Photos © Hisashi Tokuyoshi
© édition PAUMES 2017 Printed in Japan
ISBN 978-4-07-421492-1

Ⓡ＜日本複製権センター委託出版物＞
本書を無断で複写複製(電子化を含む)することは、著作権法上の例外を除き、禁じられています。本書をコピーされる場合は、事前に公益社団法人日本複製権センター(JRRC)の許諾を受けてください。
また本書を代行業者等の第三者に依頼してスキャンやデジタル化することは、たとえ個人や家庭内での利用であっても、一切認められておりません。
日本複製権センター(JRRC)
http://www.jrrc.or.jp　eメール：jrrc_info@jrrc.or.jp　電話：03-3401-2382

＊乱丁本、落丁本はおとりかえします。お買い求めの書店か、
　主婦の友社 販売部 03-5280-7551 にご連絡ください。
＊記事内容に関する場合はジュウ・ドゥ・ポゥム 03-5413-5541 まで。
＊主婦の友社発売の書籍・ムックのご注文はお近くの書店か、
　コールセンター 0120-916-892 まで。主婦の友社ホームページ
　http://www.shufunotomo.co.jp/ からもお申し込みになれます。

## ジュウ・ドゥ・ポゥムの「プチ・ポゥム」シリーズ
www.paumes.com

「プチ・ポゥム」シリーズは、雑貨みたいなビジュアルブック・コレクション。ハンディなサイズ感、軽やかさ、やさしい紙の手触りを大切に、本づくりをしています。いつもそばに置いて、気ままにページをめくり素敵なイメージを眺めて、心をリフレッシュ。そんな小さな本ならではの楽しみを形にしていくシリーズです。

判型：B6・本文96ページ・オールカラー
定価：本体1,000円＋税

**やっぱりパリが好き！
街歩きで出会った素敵なパリ50の風景**

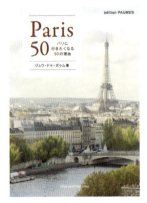

Paris 50
『パリに行きたくなる50の理由』
ISBNコード：978-4-07-416746-3

**お花屋さん、ショップのウィンドウや公園など
パリの花を集めた、ブーケのような写真集**

The city of flowers, Paris
『花と出会うパリの街角』
ISBNコード：978-4-07-413357-4

**パリのアーティストたちの自宅で出会った
美しい花のある暮らしのワンシーン87**

Everyday Flowers in Paris
『花と暮らすパリのアパルトマン』
ISBNコード：978-4-07-411973-8

ご注文はお近くの書店、または主婦の友社コールセンター（0120-916-892）まで。
主婦の友社ホームページ（http://www.shufunotomo.co.jp/）からもお申し込みになれます。